JN409973

산골 풍경 12

이명우 열세 번째 시집

산골풍경 12

초판인쇄 2019년 11월 15일
초판발행 2019년 11월 20일

지은이_ 이명우
발행인_ 이현자
발행처_ 도서출판 현자

등 록_ 제 2-1884호 (1994.12.26)
주 소_ (우)04550 서울시 중구 수표로 50-1(을지로3가, 4층)
전 화_ (02) 2278-4239
팩 스_ (02) 2278-4286
E-mail_001hyunja@hanmail.net

값 11,000원

ISBN 978-89-94820-52-1 03810

이 도서의 국립중앙도서관 출판예정도서목록(CIP)은 서지정보유통지원시스템 홈페이지(http://seoji.nl.go.kr)와 국가자료종합목록 구축시스템(http://kolis-net.nl.go.kr)에서 이용하실 수 있습니다. (CIP제어번호 : CIP2019045527)

산골 풍경 12

이명우 열세 번째 시집

도서출판 현자

자서自序

연작시 언어
1차 나노가 1백, 2백 편이 되면
2차 나노는 1천, 2천 편이 된다고
이쳐왔었다
실습해 본 1천 목표
아직도 920편이고 보면
완성은 내년이 될 것 같다

차례

제1부_

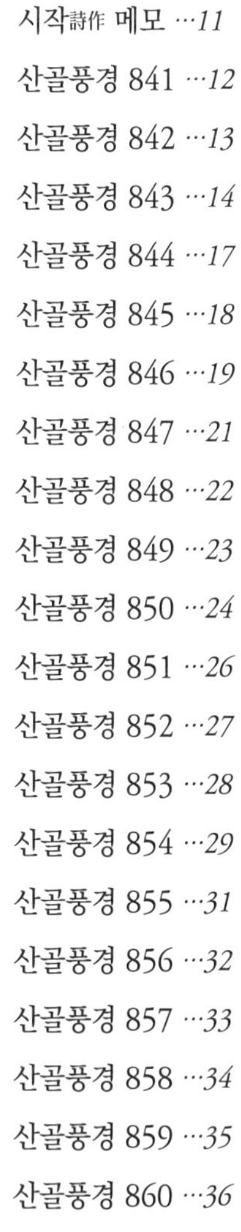

제2부_

제3부_

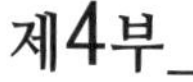

제4부_

예천 초간정

제1부

시작詩作 메모

꿈 줍기
꿈인가 하고
주워보면 꿈이 아니다
속고
또 속고
그래도 다시
꿈 줍기로 신명이 난다

산골풍경 841

내 봄 얼굴에 곱게 핀
연분홍 청춘꽃
세월의 파도가 밀려와
지우고 갔다

내 여름 얼굴에 다시 핀
진분홍 장년꽃
생활의 파도가 밀려와
또 지우고 갔다

내 가을 얼굴에 또 다시 피는
검붉은 노년꽃
송두리째 지워버릴 기세로
저승의 파도가
천둥을 치며 밀려오고 있다

산골풍경 842

구름산엘 올라와 보셔요
알동산이 여기 있네요
사랑이 알을 낳아 품고 있고요
그리움도 알을 낳아 품고 있고요
무지개도 알을 낳아 품고 있고요
안개도 알을 낳아 품고 있고요
인연도 알을 낳아 품고 있네요

사랑은 부화해서 날아와
내 가슴에 살고
그리움은 부화해서 날아가
너의 가슴에 살고
무지개는 부화해서 날아가
산 이마에서 살고
안개는 부화해서 날아가
산 가슴에서 살고
인연은 부화해서 날아가
우주 품에서 사네요

산골풍경 843

이 산골로 놀러온 동창들이
그때의 추억으로
내가 해준 밥을 먹고
둘레 길을 따라 산을 오른다

야생화도 보며 미소도 따 담고
떨어지는 새소리도 줍고
나무도 안아보며 감탄도 하는데
고사목은 못 보고 산을 오른다

어깨까지 썩어 내린 고사목이
무지개를 꺾어 만든 왕관에
저녁노을 오려서 도포를 접어 입고
해골에 구멍을 뚫어 만든 퉁소로
이 산골 민요를 가락으로 뽑고 있다

나혼자만 왜 고사목이 보이고
나혼자만 왜 이 가락이 들릴까
표현할 수도 없고
설명할 수도 없고
동창들은 저만치서 산을 오르고

양양 하조대

산골풍경 844

임신한 도깨비 어디로 가나
벌집 속으로 들어가네요
그 속에 낳은 새끼
꿀을 훔쳐 먹으며 자라고 있네요
그래도 벌들은 모르고
자기들이 도깨비를 키워주는
양 엄마인 줄도 모르고
모르는 인연을 키우며 부르는 노래
저 벌들처럼
내가 모르고 내가 키워주는 내 인연은
무엇인지요
까만 마음입니다

산골풍경 845

산앵두는요
산앵두는요
말은 배우지 않고 웃음만 배웠나 봐요
태양이 찾아오면
깔깔 웃고
구름이 찾아와도
깔깔 웃고
달과 마주쳐도
깔깔깔
별과 마주쳐도
깔깔깔

웃음 속을 가만히 들여다봅니다
하얀 꿈들이 뛰어놀고 있습니다
그 꿈을 웃음으로 접고 있는
앵두의 영혼도 보입니다

산골풍경 846

뒷산은요
무슨 이불을 덮고 잠자나요
별로 수놓은
하늘 이불을 덮고 잠자고 있습니다

부모님은요
무슨 이불을 덮고 주무시나요
야생화로 수놓은
잔디 이불을 덮고 주무십니다

나는요 무슨 이불을 덮고 잠자나요
언어로 수놓은
생각의 이불을 덮고 잠들고 있습니다

한탄강

산골풍경 847

허드러지게 핀 찔레꽃이
뽀속 뽀속 햇살을 뜯어먹고 있다
오늘 햇살은 더 달콤해
그래그래
더 고소하기도 하고
저들끼리 떠드는 호들갑
하하
호호
찔레꽃 웃음소리
뽀속 뽀속 햇살 뜯어먹는 소리
채곡 채곡 행복 쌓아 올리는 소리들이
따뜻하게 흐르는 산골

산골풍경 848

세월 없는 동네가 있습니다
나이를 먹지 않는 동네가 있습니다
늙지 않는 동네가 있습니다
그 동네는
뒷산 속에 있는 신선의 동네입니다
이 원두막에서 보이는 동네
그러나
그 동네로 가는 길은 모르고 있습니다

산골풍경 849

신문에서도 못 보았고
방송에서도 못 들었어요
밤에 뜨는 무지개
밤 무지개요
이 산골 원두막에서만 보입니다

어둠이 겹겹이 녹아내리고
소음들이 모두 흘러내리면
내 마음이 훨훨 날아올라
이 산골 밤 무지개로 피는
나의 무지개가 떠오릅니다

산골풍경 850

산토끼들이
송년회를 한다기에 빌려준 원두막
이 산 저 산 토끼들이 원두막 가득 모여
꽃향기 잎향기 바람향기 별향기로 식사를 하고
노래도 부르고 악기도 연주하고 귀돌림춤도 춘다

새들도 잠을 깨어 날아오고
짐승들도 찾아오고
바위들도 뛰어와 한 덩어리 꽃으로 핀다
토끼들의 송년회가 이 산골 잔치로 익어가는 그믐밤

보호수 느티나무

옥천 5호

령 370년

소재지: 옥천읍 교퓽리 368

산골풍경 851

그믐밤에 열리는
산골 장터엘 가 보았습니다
진열대 위를 보셔요
천 가지 꽃냄새
만 가지 열매들의 꿈
잎새들의 천연색 노래
뿌리들이 빨아올린 젖
바위들이 그린 그림
짐승들의 하얀 영혼 그리고 또또
그믐밤 산골장터 물건들입니다
손님들이 몰려옵니다
달도 찾아오고
별도 찾아오고
바람도 찾아오고
구름도 찾아오고
귀신도 찾아오고
고기들도 찾아오고
이 산골 그믐밤 장터는
이런 손님들로 북새통입니다

산골풍경 852

초승달 아가의 입술을 가만 보셔요
그리고 그 말을 가만 들어 보셔요
아직 말을 못 배운 아가
하고픈 말 나 못하고 입술만 오물오물
옹알이만 하다가 저네집 찾아가네요

산골풍경 853

내 혀 속에는
언어의 백화점이 있습니다
수만 가지 웃음도 있고
수만 가지 눈물도 있고
수만 가지 아픔도 있고
수만 가지 행복도 있습니다

산골풍경 854

허공 바다에
비행기 한 마리가 헤엄쳐 가고 있습니다
구름고기도 헤엄쳐 가고
그리움 고기도 헤엄쳐 가고
사연의 고기도 헤엄쳐 가고
꿈의 고기들도 둥둥 헤엄쳐 가고 있습니다
허공 바다는 시계 하나
그 속에
온갖 고기들이 초침을 돌리고 있습니다

하선암

산골풍경 855

신령님의 창고에는
달나라에 올라가는 사다리가 있습니다
이 사다리를 타 본 사람 있나요
내가 타 보았습니다
그런데 깜짝
땅이 아래에 있고
바다가 위에 있습니다
강물이 산등성이를 타고
위에 있는 바다로 올라가고 있습니다
저런
불길도 위에서 아래로 치내려 타네요
물은 올라가며 흐르는 나라
불은 내려오며 타는 나라
달나라입니다

산골풍경 856

저 산 아래
공동묘지 맞은 편엔
귀신 요양원이 있습니다
늙은 귀신
병든 귀신
독거 귀신
장애 귀신들
귀신 나라에도
복지 시설이 잘 되어 있네요
씽긋 웃는 귀신 요양사
하하
인간들의 복지 시설은
여기와서 배워간 거래요

산골풍경 857

이 산골 원두막에 오면
우주의 풍금 소리가 들립니다
저승 초등학교에서 들려오는 풍금 소리
샛별 초등학교에서 들려오는 풍금 소리
반달 초등학교에서 들려오는 풍금 소리
무지개 초등학교에서 들려오는 풍금 소리
선사시대 초등학교에서 들려오는 풍금 소리
구름 초등학교에서 들려오는 풍금 소리
그 리듬의 어울림이
출렁출렁 넘치는 원두막입니다

산골풍경 858

언어들이 모여 사는
바다로 가자
여기서부터 언어의 바다
하얀 언어
빨간 언어
삼각 언어
육각 언어
짐승 언어
풀숲 언어
구름 언어
바람 언어들
어느 것 한 가지
미운 언어가 없네
언어의 바다를 보며
혼을 잃어버린 나
초점 없이 바라보며 입 벌리고 서 있다

산골풍경 859

밤하늘에 떠 있는 꿈
저 꽃 봉오리는
나의 첫 농사입니다

그 꽃봉오리에서 또르르
굴러떨어지는 이슬은
나의 첫 순정입니다

순정이 날아간
빈 하늘만 바라보는 건
나의 그리움입니다

산골풍경 860

비눗방울 속에
아내와 마주앉아
하늘을 날아갑니다

마을이 보이고
강이 보이고
산이 보입니다

더 멀리
유년이 보이고
저승이 보이고
역사가 보입니다

방울이 펑
꿈이 깨어진 현실
또 다시
비눗방울을 만들고 있습니다
깨어지지 않는 비눗방울을
만들고 있습니다

제2부

시작詩作 메모

모양보다는
그림자를 잡아야지
그림자가
보이긴 보이는데
신기루로 떠 있다
잡힐 듯 잡히지 않는
그림자가
애간장을 태운다

산골풍경 861

산토끼만 뽀속뽀속
달빛을 뜯어먹는 줄 알았더니
야생화도 아삭아삭
달빛을 뜯어 먹고 있네요
저기를 보아요
바위도 빨판으로 달빛을 부셔 먹고요
수풀도
구름도
강물도 달빛을 뜯어 먹고 있어요
밤은 잠자는 시간인 줄 알았더니
식사 시간이네요

산골풍경 862

누가
천사의 글을 배운 사람 있나요
이 산골로 소풍 온 천사 하나
원두막에 시 한 편을 새겨놓고 갔습니다
무슨 내용일까
천 명에게 물어보면 알까
만 명에게 물어보면 알까
내가 압니다
초승달이 말하네요
-시인 마음 하얀 마음-
이렇게 쓴 시래요

산골풍경 863

금방 부화했는가
눈도 못 뜬 애기 귀신
어떻게 잡아 왔는지
독수리가 뜯어먹고 있다

산골풍경 864

아내야
보름달이 뜰려나 봐
토드락 토드락 발자국 소리가 들려오지
저기를 보아
머리카락 환한 빛깔이 보이지
풍겨오는 살냄새 순도 999
보름달의 냄새가 확실해
창문을 열어 놓고 기다리자
제일 먼저 우리 집을 찾아오도록

단양 수운정

산골풍경 865

하루살이가 우는 눈물은
이슬비로 내리고

녹수리가 우는 눈물은
소낙비로 내리고

보름달이 우는 눈물은
함박눈으로 내립니다

산골풍경 866

착각은 보약입니다
나는 아침마다
보석의 왕관보다 비싼
마음의 왕관을 쓰고 출근을 합니다
정류장에 모여드는 나의 백성을 보며
대견해서 웃고
허공 일터로 가는 구름 백성을 보며
사랑스러워 웃고
하늘 일터로 출근하는
태양의 특사를 보며 든든해 웃습니다
나는 이제야
천하 제일의 기술
착각하는 기술을 배웠습니다

산골풍경 867

아프긴 내 마음이 아픈데
소쩍새가 왜 밤새워 울어주나요

눈물은 내가 흘리는데
하늘도 왜 천둥 치며 소낙비로 울고 있나요

마음이 영하로 떨어져 추운데
저 산도 왜 만년설로 얼어붙어 있나요

산골풍경 868

외로움과 그리움 사이에는
마주 보면서도 건너갈 수 없는
인연의 강이 있습니다

저쪽과 이쪽에서
마주 보며 가슴은 타고 있는데
차가운 겨울 바람에
억새꽃만 좋아라 춤을 추고 있습니다

산골풍경 869

공동묘지 앞
왕거미 줄에
귀신 하나가 걸렸습니다

귀신을 잡아먹는 왕거미
반쯤 뜯어먹고는
벌렁 드러누워
낮잠을 자고 있습니다

대청호

(赴召潭岳)

산골풍경 870

인생은 꽃길입니다
그 길가에 핀
아픔꽃
슬픔꽃
눈물꽃
웃음꽃들은
인생길을 수놓은
야생화입니다

산골풍경 871

날아가는 저 꽃구름은
하늘숲에 꿀을 따는 나비들이고

흘러가는 저 강물은
나무들이 바다로 보내는 연애편지이고

불고 있는 저 바람은
세상의 숨결이고

저 높은 산 봉우리는
아버님의 동상입니다

산골풍경 872

오늘 아침 하늘 신문에
난리가 났습니다

다든 하늘에서
별을 잡아먹고 살던
우주새가
이 하늘로 날아와
하루에 삼만 개의 별을 잡아먹어도
속수무책이랍니다

아 무서라

내일이라도 이쪽으로 날아와
태양도 잡아먹고
달도 잡아먹고
지구도 잡아먹으믄 어떡해 어떻해

산골풍경 873

담 밑에서 개미가
자기 몸뚱이만 한 먹이를 물고
담장을 넘어가다가
뚝 떨어지고
또 넘어가다가
뚝
뚝
열 몇 번인가
스물 몇 번인가
넘어서고야 마는 개미

한탄강 계곡

산골풍경 874

여기에도 있네요
노조가 천사의 나라에도 있네요
여기에는 이런 데모
저기에는 저런 데모
길거리는 아수라장
모임에는 파업
저런
천사의 나라 파란 글씨 이름을 지우고
노조의 나라 빨간 글씨 간판이 올라가고 있어요

산골풍경 875

지나온 자국마다
고여있는 추억을 따와
맷돌에 갈아서
시짐을 부친다

아픈 과거
슬픈 과거
즐거운 과거
행복한 과거

이런 맛을 버무린 추억 부침개
내가 특허낸 음식입니다

산골풍경 876

어항 속에서는
아기 고기가
엄마
지느러미를 어떻게 흔들어야 하나요
한번은 이렇게
한번은 저렇게

산새둥지 속에서는
아기 새가
엄마
날개를 어떻게 저어야 하나요
이쪽 날개는 이렇게
저쪽 날개는 저렇게

하늘 속에서는
아기 구름이
엄마

중심을 어떻게 잡아야 하나요
바람 보며 이렇게
산을 보며 저렇게

산골풍경 877

약초 찾아 헤매는데
산 할아버지도
약초를 캐러 오셨네요
같이 펴본 도시락
더덕구이 수수밥 내 도시락
바람 알에 귀신 한 토막 할아버지 도시락
같은 산골에서도
음식문화까지 이렇게 다르네요

철원 삼부연 폭포

산골풍경 878

짊어지고 가는 내 인생
헝클린 매듭을 풀자
인연의 끈을 당겨
한 마리 두 마리
하나를 풀면
두 개가 엉킨다
풀 수 없는 내 인생의 매듭
저승 가서야 풀어질까
다시 가만 매듭을 짊어지고 간다

산골풍경 879

아장아장
꽃 한 송이 걸어 들어오네
방 안을 날아다니네
웃음을 쏟아붓네
눈에 넣어보니 아프지 않네
방 안에 핀 꽃 한 송이
손자 놈이네

산골풍경 880

호숫가에서
드리운 낚싯대에 귀를 대고 들어본다
들려오는
고기들의 이야기를 들어본다
나를 보고는
저 괴물 좀 보아라
그 위에 빨간 풍선은
태양이라는 거래
그 아래 흐느적 기어가는
구름 고기들
호수 속 이야기에 껄껄 웃는다

제3부

시작詩作 메모

때로는
일반으로 돌아가
돈 버는 공부를 할까
춤추는 제비가 될까
그러나 그게 안 된다
하늘은 왜 하필 나에게
아무도 안 간 길을 가라는
숙제를 내렸을까
그 선택이 고마워서
포기를 못 한다

산골풍경 881

올 벼 논엘 가보았더니
참새떼들이 벼를 훑어 먹다가
나를 보고 달아난다

너 할 일도 못 했냐
내 말끝에 허수아비는
본래 이 땅 주인은 새들이지요
그래도 자비로운 새들
더 많은 알맹이를 남겨놓고 갔습니다

그대신 자신들의 노래 한 봉지를
전해주고 갔다면서
받아온 한 봉지 새소리를
볶아 먹어 보니
참깨보다도 고소하고
구워 먹어 보니
군고구마보다도 달다
이것이 공생인가
진리 하나가 보일 것 같다

산골풍경 882

식물들의 조상은
얼마나 깨끗하게 살았길래
피도 오염이 안 되어
하얀 피를 불려수었을까

생명은 소중하다
어떻게 가르쳤기에
자살 없는 세계가 되었을까

몸 관리를 어찌 그리 잘했기에
향기가 풍기고 비만도 없을까
나는 아무 말 말자
인간이기에 아무 말 말자

산골풍경 883

산새 알은
산새가 품어서 부화시키지만

구름 알은
달빛이 품어서 부화시키고

바람의 알은
산그늘이 품어서 부화시키네요

산골풍경
뜯어 볼수록 경이로워요

산골풍경 884

큰 복숭아 익는 냄새는
달빛이지만
큰 사람 익는 냄새는
꿈빛이어라

큰 복숭아 향기는 순간이지만
큰 사람 향기는 영원하여라

큰 복숭아 흔적은 없어졌지만
큰 사람의 흔적은 천만리에 빛나라

괴산 쌍곡구곡

산골풍경 885

이승을 지나가
저승에 가서 사는
고사목은
전생의 사연을 모아
자서전을 쓰고 있다
그 책이 완성되면 사 보고 싶은데
사람은 사 볼 수가 없다고 하네요

산골풍경 886

뒷산 숲에 살고 있는
하늘메뚜기
밤이면 하늘로 날아가
별 하나를 잡아와 뜯어먹고 삽니다
지상에서 살면서
하늘에 가 먹이를 구하는
하늘메뚜기
나도 그런 재주를 배웠으면 하고
별을 뜯어 먹는 모습만
바라보고 있습니다

산골풍경 887

간다 간다 하다가
이제야 아버님 산소엘 왔습니다
나보다 먼저 산토끼가 찾아와
풀잎을 뜯어주고
나보다 먼저 산돼지가 내려와
땅속을 헤집어 벌레를 잡아주고 갔습니다
이제야 죄인이
풀을 뽑고 흙을 덮습니다
토끼 먼저 쓰다듬어 주시고
다음으로 돼지를 쓰다듬어 주시고
오늘에야 죄인을 쓰다듬어주실 아버님

산골풍경 888

모래로 태어난 아가들이
얼마나 얼마나 세월을 많이 먹었기에
이렇게 큰 돌로 자랐을까
돌들은 또
얼마나 얼마나 더 많이
세월을 먹었기에
이렇게 큰 바위가 됐을까
바위는 또
얼마나 얼마나 더 많은
세월을 먹고
저렇게 큰 바위산이 됐을까

울산바위

산골풍경 889

소나무를 쳐다보다가 다시 보니
소나무는 없어지고
아버님이 거기 계십니다

솔잎 향기에 취해있다가 다시 보니
솔잎 냄새는 없어지고
어머님의 향기가 풍겨옵니다

솔방울을 세어보다가 디시 보니
솔방울은 없어지고
우리 형제들만 조롱조롱 메달려있습니다

산골풍경 890

점점 무너지고 찢어지고
마음이 아파
산 할아버지에게 찾아갔더니
반듯하게 눕혀 놓고
마음을 꺼내 세탁을 한다
욕심도 씻어내고
걱정도 씻어내고
바늘도 뽑고
혹도 잘라낸다
다시 찾은 하얀 마음
꿈을 타고 붕붕 다시 날아오른다

산골풍경 891

풀잎의 손가락이 건반을 치는
풀잎 풍금 소리는
메아리에 담아서 나비들이 실어 나르고

물 손가락이 건반을 치는
물풍금 소리는
은쟁반에 담아서 개울물이 실어 나르고

바람의 손가락이 건반을 치는
바람 풍금 소리는
꿈 가방에 담아서 구름이 실어 나르고 있다

상주 남장사 입구 석장승

산골풍경 892

유리 어항에 고기는
아내가 키우지만

바다 어항에 고기는
용왕님이 키우고

하늘 어항에 고기는
천지 신명이 키우지만

내 마음의 어항에 고기는
내가 키우고 있습니다

산골풍경 893

오늘도 꿈을 찾아
너도 나도 길을 나선다
허공에 떠 있는 꿈을 잡으러
걸어서도 가고
타고서도 가고
날아서도 간다

꿈을 잡은 사람
못 잡은 사람
오늘 밤도 세상은
요지경이다

산골풍경 894

밤안개의 목소리를
들어본 사람 있나요

산 허리를 감고 앉아
입술을 달삭이며
들려주는 긴 이야기
무슨 말인지 모르겠어요

왜 사람이 되었을까
사람이기에 못 듣는 거래요
밤안개의 이야기를

산골풍경 895

아침 산책길
도깨비가 자고 간 자리에
가 보았습니다
도깨비가 소복소복
알을 낳아 놓고 갔네요
주워 담아 일어서는데
돌아온 도깨비 엄마
돌려주세요 애원에
다시 가만 돌려주고 오는 길
풀잎도 깔깔깔
나뭇잎도 깔깔깔

산골풍경 896

아버님의 눈빛을 추수해
밥을 짓고
어머님의 노래를 추수해
국을 끓여 먹고
아버님의 웃음으로 옷을 해 입고
어머님의 봄날에 안겨
일터로 갑니다
신명 납니다

단양 사인암

산골풍경 897

언젠가 맹세했었지
꽃길이든 가시 길이든
웃고 가자고

오늘은 피가 흐르네
욕설을 했었네

그날 맹세가
목구멍에 걸려 있네

나는 정확히
간장 종지

그래도 다시
헛맹세를 해 본다

산골풍경 898

과자 봉지를 준 사장님께는
너무 너무 고마워
인사를 했지만
이 봄을 수신 부모님께는
무엇이 고마운지를 몰라
인사를 안 했습니다
멀리 있는 사장님은 잘 보이는데
앞에 있는 부모님은 안 보입니다
이렇듯 내 마음은
까맣게 때가 묻어 있습니다

산골풍경 899

0시 땡
'떠나갈 시간입니다'라며
오늘 하루가 꾸벅 절을 하고
세월의 책갈피 속으로 사라진다

그 자리에 다시
오늘이 새로 찾아오고
뛰놀던 바람들이
사방으로 흩어져 잠든 산골
영혼들만 신이나 춤을 추고
하늘에 별들도
신명 나게 뛰어논다

애기별 하나가
포르르 날아와
내 얼굴에서 뛰어놀고

나는 가만 웃고 있다가
나도 몰래 잠들었나 봐

새 아침에 일어나
거울을 보니
내 얼굴 가득 찍혀있는
애기별 발자국들
지워질라 세수도 안 하고
거울만 보며 웃노라니 한나절이네

산골풍경 900

바람 한 줄기를 사려 담아와
바구니에 툭툭 턴다
묻어온 사연들이 후두둑 떨어진다
새소리
귀신 소리
벌레 소리
바람 소리
하나하나 들어보니
모두가 명시
세상은 모두 시로 엮어져 있네

제4부

시작詩作 메모

남은 시간 얼마일까
어제는
저승의 종소리가 들리더만
오늘은
저승의 대문이 보인다
내일
그 문으로 입성하면
이 세상 졸업이고
저 세상 입학인 것을

산골풍경 901

보름달 서중앙 평야에도
이 가을 농사가 대풍이라고
그곳에 사는 친구가 보내온 편지
그곳에도
벼도 심고 감자 심고 수수도 심는다네
그러면서 보냈다는 소포 하나
지상에는 없는 불로초 한 포기
구만 년을 산다면서 찾아 먹으라 하네
소포를 찾아 놓고
나의 천평 저울에
지구와 친구를 달아 본다
아 이런
친구가 지구보다 무겁네

산골풍경 902

먼 나라 말 공부를 하다가
뜰에 내려섰더니
제비꽃 입술이 달싹달싹
무슨 말인지를 모르는 나
아
내 집에 있는 식구들 말도 모르면서
먼나라 말을 배우다니
주제넘게시리 이건 아니야
먼 나라 책을 접고
제비꽃 말을 배우려
꽃잎 앞에서
열 번 백 번 들었으나 하나도 몰라요

산골풍경 903

몸체에서 빠져나와
춤을 추며
손을 흔들며
바람 타고 날아가는
저
새 깃털 좀 보아
나 이제 해방됐어요
내 마음대로 이렇게 소풍갑니다
그러면서
하늘 까맣게 날아오르는
깃털을 보며 자신을 돌아본다

산골풍경 904

이 산골 밤하늘을
가만히 쳐다보셔요
별나라에도 자전거 동우회가 있네요
허공의 실을 따라
별 아이들이 씽씽 달리는 자전거
어떤 놈은 이 산 위를 지나가고
어떤 놈은 이 원두막을 지나가고요
그러면서 손 흔드는 별 아이들
깔깔거리는 웃음소리는
우리와 같으네요

석문

산골풍경 905

이 산골 하늘 가득
낮이면 새소리들이
삼삼오오 휘돌아 나가고
파란 향기
노랑 향기 파도치고
밤이면
귀신들이 저승 축제를 열고
모든 꿈들이
허공 가득 날아다니는
이 산골은
밤낮으로 상영하는 극장입니다

산골풍경 906

빨간 빛깔과
파란 빛깔
노랑
주홍
갖가지 빛깔들이
뒷산 숲에서
숨바꼭질을 하고 있다
빛깔 하나가 고이 다가와
숨겨 주세요 하며
내 가슴속으로 들어와 꼬옥 안긴다
못 찾겠다는 술래
나 여기 있는데
하하 호호
빛깔들의 평화가 꽃으로 핀다

산골풍경 907

나는 오늘에야
태양이 세상 제1의 화가임을 알았습니다
한치의 오차도 없이
나무나 집이나 바위나 짐승 모두
그 모습 그대로 움직이는
그림자로 그려내는 태양 화가
밤에는 또 밤을
달이 그렇게 그림을 그리네요
세상 제1의 두 화가
달과 태양

산골풍경 908

초승 달빛은 볶아서 빻아
양념 간장이 좋구요

반달 빛은 반죽을 해
칼국수가 좋구요

보름달 빛은 가루를 내려
송편이 좋습니다

고성 화진포

산골풍경 909

바람은 세상의 청소부
먼지도 닦아내고
휴지도 주워가고
쓰레기도 치웁니다

바람은 택배기사
향기도 전해주고
계절도 실어오고
소식도 뿌려 줍니다

바람은 연극배우
산을 안고 춤도 추고
구름으로 파도도 치고
하늘 노래도 부릅니다

산골풍경 910

어제 밤에 울던
소쩍새 울음소리의 메아리가
이제야 돌아온다
얼마나 멀리 어디쯤에서 부딪쳤기에
이제 돌아오는가

내 운명의 메아리는
부딪칠 곳도 없는가
날아간 내 운명은
아직도 메아리가 없네

산골풍경 911

야생화도
슬픔이 있고 눈물도 있다네요
남몰래 밤에 우는 눈물은
아래로 흘려 보내지 않고
방울방울 엮어서
풀잎 끝에 조롱조롱 매달아 놓은 거래요
아침이슬은 야생화의 눈물이래요

산골풍경 912

무지개를 꺾어 왔어요

왕관을 만들었어요

왕관을 쓰고 거닐어요

아무도 못 보네요

상선암

산골풍경 913

아버지 그 이름을
가만히 쳐다보면
그 이름 한참 아래
하늘이란 이름이 있고
하늘이란 이름을
가만히 쳐다보면
그 이름 한참 아래
땅이란 이름이 있다
높은 이름
낮은 이름 중에서
아버지 그 이름이
이렇게 높은 줄
이제 알았습니다

산골풍경 914

세월의 태엽을
되풀어 본다
십 년 전
이십 년 전
삼십 년 전 인생의 모서리가
운명의 톱날에
잘려 나간 아픔 되어
아직도 피를 흘리며
새파랗게 살아 있고
고여있던 눈물이
소나기로 쏟아진다
이런 바보
다시 한 번 그 세월이 온다면
이 길로는 안 왔을 텐데

산골풍경 915

풀향기
꽃향기
구름 향기
햇빛 향기
바람 향기
세월 향기
우리집 창고 가득

산골풍경 916

바람이
지느러미를 치며
구름을 몰고 와
비를 내려 주네요

그리움이
지느러미를 치며
사랑을 몰고 와
꿈을 심어 주네요

운명이
지느러미를 치며
세월을 몰고 와
저승 문을 열어 주네요

산골풍경 917

하루종일 날아다니던
바람 소리
새 소리
구름 소리
빛깔 소리
웃음 소리들이
멀리멀리 날아간 줄 알았는데
모두 모두 돌아와
이 산으로 돌아와
사방으로 흩어져
잠을 자고 있네요
귀여워라
자면서도 모두 모두
미소를 짓고 있네요

산골풍경 918

얽히고설킨
허공의 고속도로가 보인다

새소리들이 날아가고 오는 길
향기들이 날아가고 오는 길
바람이 날아가고 오는 길
빛깔들이 날아가고 오는 길
계절이 날아가고 오는 길
번개가 날아가고 오는 길
그리움이 날아가고 오는 길
역사가 날아가고 오는 길

서로 다른 길들이
엮기고 묶기고 뚫려 있는 길들이
공작 꼬리처럼 펼쳐져
바둑판처럼 이어져 있다

산골풍경 919

원두막 호롱불 보고
모여드는 하루살이
춤추다가 죽고
노래하다 죽고
꿈꾸다가 죽는다

유언은 무었일까
온몸으로 말한다

안녕
안녕
날개로 바르르 손 흔들다가
톡 톡 토도톡
목숨 끊어지는 소리만
고요 속으로 사라진다

산골풍경 920

세월강 흐르는 소리가
이제야 음악으로 들린다

내 몸에 검버섯 피는 소리
머리카락 빠지는 소리
주름살 패는 소리
으슥 으슥 뼈 부서지는 소리

내 인생이 청년일 때는
세월이 미웠고
장년일 때는
원수였는데
이제 노년이 되고 보니
세월이 친구가 된다
아니 음악이 된다

예천 석송령(石松靈)